恐龍咕咕的一天

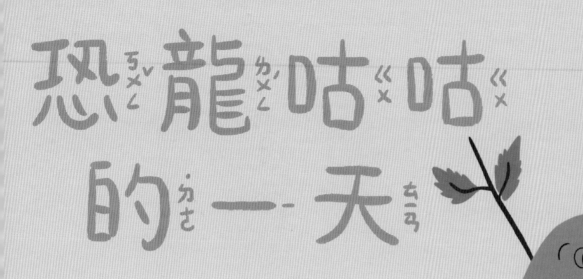

主編／吳咸蘭

作者／王人平、吳咸蘭、施慧宜、
　　　許瑋捷、陳慧淇、賴韻天、
　　　薛伊廷

繪者／Ohno Studio

目　標　/ㄍ/、/ㄎ/ vs. /ㄉ/、/ㄊ/。

錯誤型態　有些幼兒會將/ㄉ/和/ㄊ/的音用/ㄍ/和/ㄎ/來取代，另有一些錯誤型態則正好相反，他們會將/ㄍ/和/ㄎ/的音用/ㄉ/和/ㄊ/來取代，例如：將「褲子」說成「兔子」，將「蛋糕」說成「蛋刀」；換言之，舌根音都發成舌尖音，因此教學目標要放在刺激/ㄍ/、/ㄎ/語音的出現。

使用策略　本書採用的是「音素對比」策略，故事中的角色名字和物品名稱都刻意安排具有/ㄍ/、/ㄎ/和/ㄉ/、/ㄊ/的對比，只要舌尖或舌根的語音位置錯誤，意思就會不同了。不論目標音是放在/ㄍ/、/ㄎ/或者/ㄉ/、/ㄊ/，本書的設計目的著重在對比，因此適用於已經誘發出目標音而要進展到語詞區辨的階段。

共讀小提示　▌ 家長或教師唸讀故事時，可以適當加強圖文中有顏色標記的語詞音量並放慢速度，讓幼兒更清楚注意到這些語音。

▌ 可以藉由繪本共讀中的情境問答，誘發幼兒自發說出含有目標音的語詞。

▌ 熟讀內容後，可以故意唸成與目標音相反位置的語詞發音，讓幼兒糾正。

▌ 可以玩角色扮演的遊戲，交錯使用目標音語詞。

恐龍咕咕起床後，
看到兔兔在追蝴蝶。

咕咕急忙跑出去，
大喊：「兔兔！
等等我啊！」

咕ㄍㄨ咕ㄍㄨ跑ㄆㄠ啊ㄚ跑ㄆㄠ，
來ㄌㄞ到ㄉㄠ一ㄧ片ㄆㄧㄢ大ㄉㄚ草ㄘㄠ原ㄩㄢ。

咦ㄧˊ？

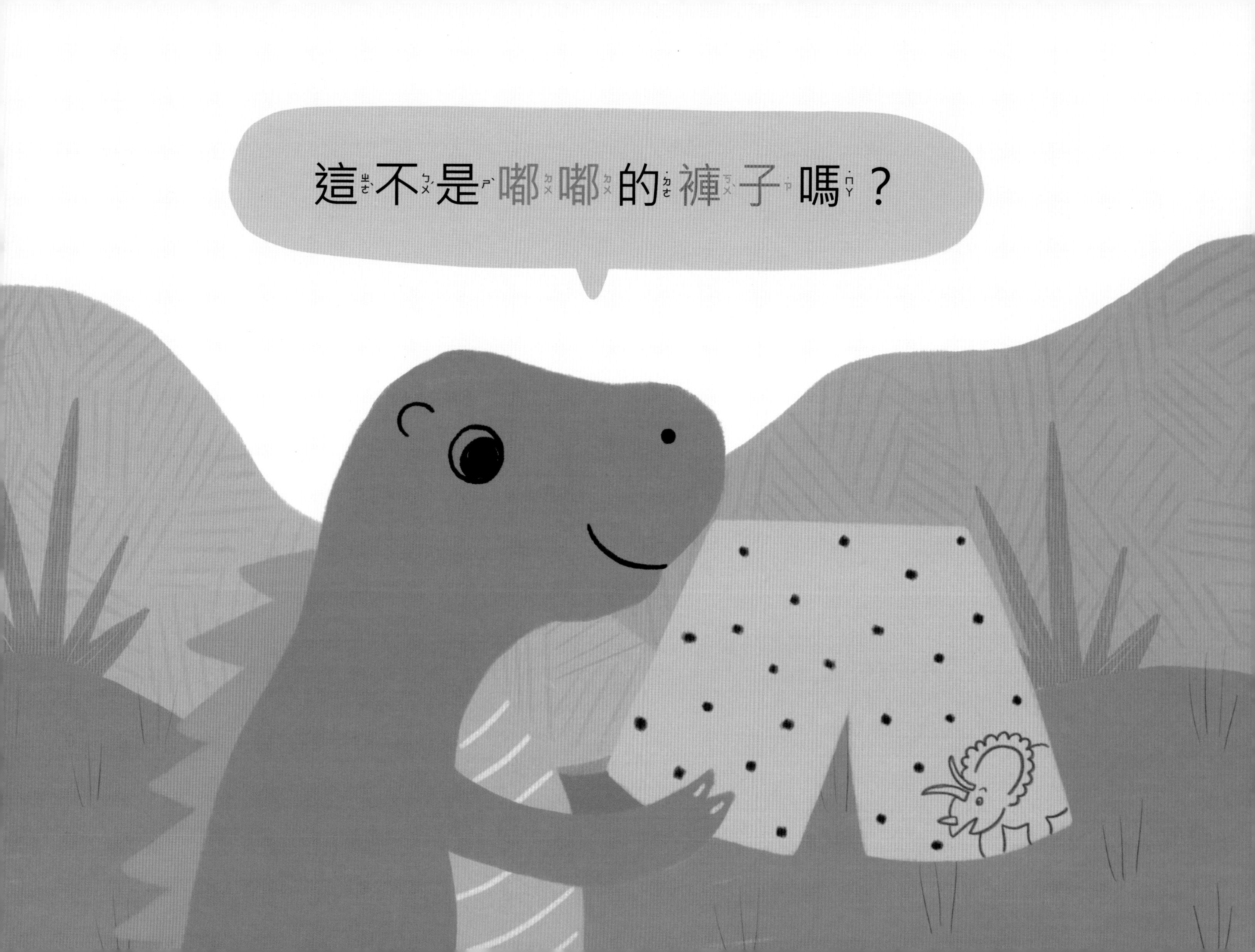
這不是嘟嘟的褲子嗎？

咕ㄍㄨ咕ㄍㄨ跑ㄆㄠ啊ㄚ跑ㄆㄠ，
來ㄌㄞ到ㄉㄠ美ㄇㄟ麗ㄌㄧ的ㄉㄜ湖ㄏㄨ邊ㄅㄧㄢ。

咕ㄍㄨ咕ㄍㄨ跑ㄆㄠˇ啊ㄚˋ跑ㄆㄠˇ，
來ㄌㄞˊ到ㄉㄠˋ大ㄉㄚˋ大ㄉㄚˋ的ㄉㄜ˙洞ㄉㄨㄥˋ穴ㄒㄩㄝˊ。

咕《咕《跑《啊ㄚ跑《，
聞ㄨ到《一一股《甜ㄊㄢ甜ㄊㄢ的ㄉ味《道《。

媽媽和朋友們準備了
驚喜等咕咕回家。

原來今天是
咕咕的五歲生日。

卡ㄎㄚ卡ㄎㄚ送ㄙㄨㄥ卡ㄎㄚ片ㄆㄧㄢ給ㄍㄟ咕ㄍㄨ咕ㄍㄨ。

塔ㄊㄚ塔ㄊㄚ送ㄙㄨㄥ巧ㄑㄧㄠ克ㄎㄜ力ㄌㄧ給ㄍㄟ咕ㄍㄨ咕ㄍㄨ。

嘟嘟送玩具坦克給咕咕。

然後，咕咕還豆子給卡卡。

咕《咕《還厂彐釦丂彐子卫給《塔ㄊㄚ塔ㄊㄚ。

咕ㄍㄨ咕ㄍㄨ還ㄏㄨㄢˊ褲ㄎㄨˋ子ㄗˇ給ㄍㄟˇ嘟ㄉㄨ嘟ㄉㄨ。

看看大家都拿到了什麼東西？

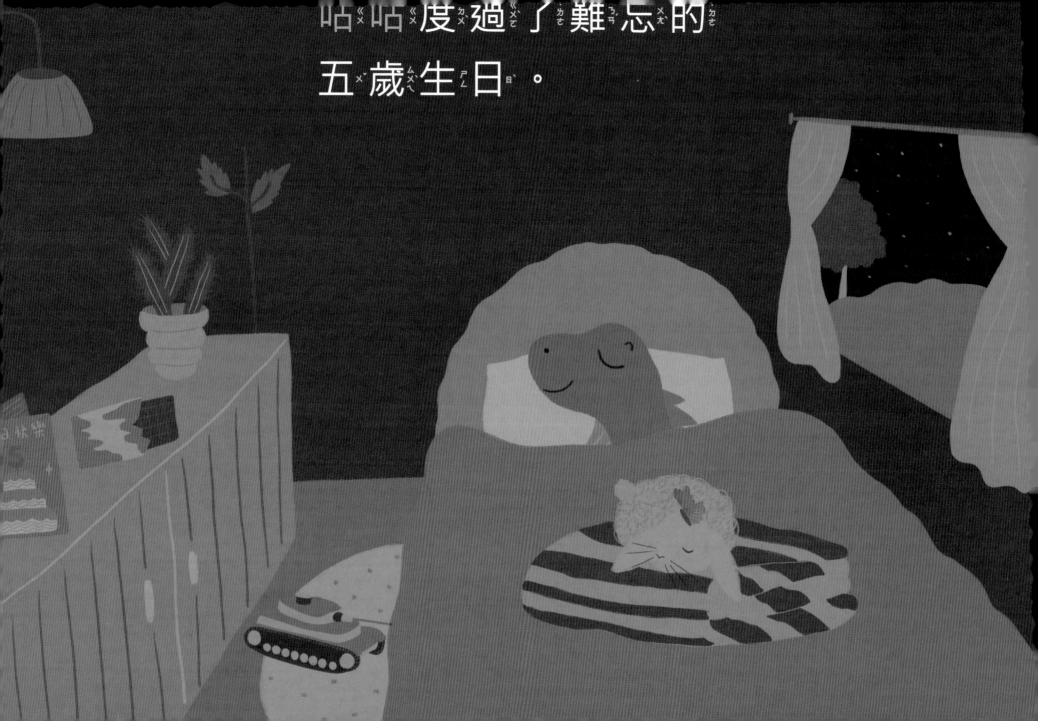

咕ㄍㄨ咕ㄍㄨ度ㄉㄨ過ㄍㄨㄛ了ㄌㄜ難ㄋㄢ忘ㄨㄤ的ㄉㄜ
五ㄨˇ歲ㄙㄨㄟˋ生ㄕㄥ日ㄖˋ。

兔兔也度過了難忘的一天。

繪本簡介

　　這是一套由資深語言治療師指導與語言治療系學生共同創作的功能性繪本，既可作為親子共享閱讀樂趣的童書，也可作為誘發幼兒語音學習的教材。這五本繪本以幼兒在語音發展過程中常見的語音錯誤型態為主題，藉由特殊的內容設計，運用具有實證基礎的教學策略，讓親子在趣味故事和操作活動中，強化語音學習，更享受親子閱讀的樂趣！各繪本的簡介及適用發音型態如下，建議可依照幼兒需求而使用，更推薦整套運用，為幼兒預備完整的語音發展學習。

詳細介紹

《企鵝阿湯的樂團》
幼兒常將舌尖音錯發為舌根音，如將「兔」子說成「褲」子；本書目標在誘發ㄉ、ㄊ語音的出現。

《恐龍咕咕的一天》
幼兒常將舌根音錯發為舌尖音，如將阿「公」說成阿「東」；本書目標在刺激ㄍ、ㄎ語音的出現。

《聽聽看，老婆婆吞了什麼？》
持續送氣的語音ㄈ、ㄙ、ㄕ通常較晚發展出來，幼兒常將氣流阻斷而變成另一個語音，如將「番茄」說成「潘茄」；本書目標在誘發幼兒持續發出送氣的語音。

《聽我說，聽你說》
ㄢ、ㄤ、ㄣ、ㄥ的發音可分析為（開口的）母音＋（閉合的）鼻音，所以是由兩個音所組成，此稱為聲隨韻母。幼兒常將鼻音尾巴省略，如將「幫忙」唸成「巴麻」；本書目標在引導幼兒將聲隨韻母完整發音。

《我是快樂小店長》
幼兒常容易將送氣音ㄑ、ㄕ、ㄙ發成不送氣音，如將「七」唸成「雞」；本書目標在誘發幼兒正確發出送氣音。

主編介紹

吳咸蘭

（經歷）
國立高雄師範大學
特殊教育學系專任助理教授

國立高雄師範大學
聽力學與語言治療研究所兼任助理教授

中華醫事科技大學
語言治療系助理教授兼系主任

作者群介紹

王人平、吳咸蘭、施慧宜、許瑋捷、
陳慧淇、賴韻天、薛伊廷
（依姓氏筆畫排序）

本系列繪本由資深語言治療師指導與語言治療系學生共同創作，內容乃針對華語兒童常見之構音/音韻錯誤而設計。繪本初稿參與「2020全國科技校院聽語治療實務設計競賽」榮獲兒童組第一名，經過重新編修與繪圖，本叢書得以誕生。我們希望透過共讀活動增進孩子對語音的覺察並體驗語言的趣味，只要善用策略與技巧，所有孩子都適用。

繪者介紹

Ohno Studio

「Ohno!」就像是從貨車上掉下來摔破在馬路中央的花瓶。散落在土堆及碎片裡的花，在這黯淡無奇的道路上創造了突如其來的美、置入了超現實的瞬間。喜歡任何視覺相關的事物，提供動畫、平面設計和配樂的服務。不喜歡太過正經的東西，希望能在平凡中，創作出令人感到舒服及驚艷的不平凡。

溝通障礙系列65048

恐龍咕咕的一天

主　　編：吳咸蘭		電　　話：(02) 29150566	
作　　者：王人平、吳咸蘭、施慧宜、許瑋捷、		傳　　真：(02) 29152928	
陳慧淇、賴韻天、薛伊廷		郵撥帳號：19293172 心理出版社股份有限公司	
繪　　者：Ohno Studio		網　　址：https://www.psy.com.tw	
執行編輯：陳文玲		電子信箱：psychoco@ms15.hinet.net	
總 編 輯：林敬堯		排版印刷：昕皇企業有限公司	
發 行 人：洪有義		初版一刷：2023 年 1 月	
出 版 社：心理出版社股份有限公司		I S B N：978-626-7178-23-2	
地　　址：231026 新北市新店區光明街 288 號 7 樓		定　　價：新台幣 300 元	